El QUIZ VORDTRIEDE

Jürgen Lang

El QUIZ VORDTRIEDE

50 preguntas y respuestas
para la familia emigró de Friburgo

Información bibliograficó de la Biblioteca Nacional Alemana:
La Biblioteca Nacional Alemana ha registrado esta publicatión en la Bibliografia Nacional Alemana; los datos bibliográficos detallado están disponibles en todo momento sobre la direcctión de Internet siguiente: http://dnb.dnb.de.

Primera edición

Ilustración: © 2016 DLA Marbach (Frances en los EE.UU. a principios de los años 50)
Traducción: Jürgen Lang
Partes: Ninguna otra personas

Fabricatión y editorial: BoD - Books on Demand, Norderstedt

ISBN: 978-3-8391-0825-3

Tabla de contenido

Prólogo

El concurso extraordinario informa como jugando, de
la familia judía Vordtriede. Éste vivía de 1926 a 1938
en Friburgo-Haslach. Detrás están la madre soltera
Käthe y los niños Fränze y Werner. Sólo porque ellos
eran judíos, ellos eran perseguidos y expulsados. Por
la huida inmediata al extranjero, ellos podían salvarse.

El nuevo proyecto civil „La CASA VORDTRIEDE
Friburgo", quiere recordar de ello. Desde 2002, el
iniciador vive con su familia en la antigua casa. Esto
se encuentra en la Calle Fichte de número 4. En 2015,
la iniciativa privada era marcada con el Premio Municipal „Participación de los Ciudadanos".

Los grupos destinatario del concurso son resultados,
jóvenes y niños. Jóvenes personas están precisamente
pedidas ocuparse del socialismo nacional alemán y su
ideología. Estos sucesos nunca pueden repetirse, ni
aquí ni otra parte del mundo.

Friburgo de Brisgovia, abril de 2016

El jefe de proyecto

Introducción

El concurso era concebido especialmente como una contribución para la „Calendario de Aviento de Haslach". El 15 de diciembre de 2015, esto era presentado por primera vez el publico.

La idea se producía en septiembre de 2015, después que la serie de artículos al „30 aníversарío de la muerte de Werner Vordtriede", por desgracia, encontraba ninguna resonancia en toda Alemania.

Este librito quiere despertar el interés en la saga de la familia así como áreas de temas parientes. La emigración, filología germánica, intelectuales, historia judía o socialismo nacional alemán figuran entre ello.

Naturalmente „El QUIZ VORDTRIEDE" puede también ser usado como preparación de clase.

Esta edición española es más o menos equivalente a la edición francesa de marzo este año. Algunas preguntas han sido revisadas y la lista de nombres anterior optimizado. Por otra parte, las fuentes de referencia y literatura han sido actualizadas.

La **CASA VORDTRIEDE** Friburgo

La CASA VORDTRIEDE es una iniciativa privada que se dedica a la familia emigrante antes de nombre Vordtriede. Éste vivía de 1926 a 1938 en la Calle Fichte de número 4 en el barrio de Haslach. Junto a la madre Käthe Vordtriede, los niños la Dra. Frances Vordtriede-Riley y Prof. Werner Vordtriede forman parte también. En 2015, el nuevo proyecto era marcado con el Premio Municipal „Participación de los Ciudadanos“.

El iniciador es el postinquilino Jürgen Lang que ha llamado el proyecto 2014 en vida. En el futuro la antigua casa debe hacerse un lugar de encuentro y museo.

Hay mucho para evaluar todavía, para investigar y para ligar por el contenido. ¿Quienes fueron los padres ricos Bernhard y Helene Blumenthal? ¿Que sabemos sobre el fabricante Gustav Adolf Vordtriede? ¿Cómo Käthe vivía en Nueva York? ¿Que hacía los niños exactamente en Filadelfia o Munich? ¿Que información exíste absolute?

Por consiguiente el lema del proyecto es: Recuerdo, investigación, aviso.

Si usted tiene algo por el tema o sabe también, diríjase por favor al autor. Muchas gracias.

Preguntas al proyecto

1.) ¿Cuándo el proyecto era iniciado?
        a) 2002
        b) 2004
        c) 2006
        d) 2014

2.) ¿Cuál fue el impulso?
        a) 20 aníversarío de la muerte de Fränze V.
        b) 30 aníversarío de la muerte de Werner V.
        c) 50 aníversarío de la muerte de Käthe V.
        d) Centenarío de Friburgo-Gartenstadt

3.) ¿Qué lema tiene el proyecto?
        a) Unión, derecho y libertad
        b) Recuerdo, investigación, aviso
        c) In vino veritas
        d) Liberté, Egalité, Fraternité

4.) ¿Cómo será el proyecto todovia?
        a) Contacto para la historia familiar
        b) Contacto para preguntas de equiparación
        c) Contacto para trabajadores fronterizos
        d) Contacto para escuelas

5.) ¿Lo que trajo a rodar la pelota?
        a) Biógrafa Dra. Gesa Schönermark
        b) Editor Manfred Bosch
        c) Editor Prof. Detlef Garz
        d) Científico Prof. Dieter Borchmeyer

6.) ¿Qué nombre de la calle era propuesto para la región de nueva construcción Friburgo-Gutleutmatten en 2014?
        a) Paseo de Dra. Vordtriede Riley
        b) Calle de los Hermanos Vordtriede
        c) Camino de Käthe Vordtriede
        d) Avenida de Werner Vordtriede

7.) ¿Qué acciones había en 2015?
        a) 30 aníversarío de la muerte de Werner V.
        b) Nominaciones de precio
        c) Quiz Vordtriede
        d) 20 aníversarío de la muerte de Fränze V.

8.) ¿Con qué precios el proyecto era nombrado ya?
        a) Echt gut!-Voluntariado en Baden-W.
        b) Premio de la Paz del Comercio de Librero Alemán
        c) HelferHerzen-Premio dm para Compromiso
        d) Premio Municipal Participación de los Ciudadanos

9.) ¿Que puntos culminantes son en 2016?
        a) Participación de exposición
        b) Quiz Vordtriede a varias lenguas
        c) Wikipedia inscripciones
        d) Conversación con testigo de esta época

10.) ¿Cuáles son los objetivos del proyecto?
        a) Lugar de encuentro
        b) Hotel Mamá
        c) Museo
        d) Tienda de la esquina

Preguntas a la antigua casa

11.) ¿Quién ha indicado al jefe de proyecto a la antigua casa?
        a) Colega de trabajo
        b) Vecino
        c) Asociación cultural
        d) Ciudad de Friburgo

12.) ¿Cuándo la familia tiraba en la nueva casa?
        a) 1918
        b) 1921
        c) 1926
        d) 1933

13.) ¿Por lo que la antigua casa estaba entonces bien conocido?
        a) Asistencia de reposo o Erholungsfürsorge
        b) Ayuda entre vecinos
        c) Encuentros de miembros del partido SPD
        d) Diario Volkswacht

14.) ¿En qué épocas la familia Vordtriede vivían?
        a) República berlinesa
        b) Imperio alemán
        c) Tercer Reich
        d) República de Weimar

15.) ¿Por qué ellos eran perseguidos y expulsados?
        a) Emigrantes
        b) Intelectuales
        c) Judíos
        d) Westfalia (una región alemana)

16.) ¿Dónde la familia vivía antes?
        a) Hanóver
        b) Cartuja de Ittingen (Suiza)
        c) Londres
        d) Todtmoos en la Selva Negra

17.) ¿Que Werner Vordtriede decía a una vecina como él la antigua casa visitaba?
        a) ¡Soy un berlinés!
        b) ¡Busco el centro de la ciudad!
        c) ¡Busco mi juventud!
        d) Yo sé que no sé nada.

18.) ¿Quién visitaba en último lugar la antigua casa?
        a) Frances Vordtriede-Riley
        b) Julius Vordtriede (un pariente lejano)
        c) Käthe Vordtriede
        d) Werner Vordtriede

19.) ¿Cuándo la „Piedra en el Camino" se hacía antes de la casa traslada?
        a) 1996
        b) 1999
        c) 2004
        d) 2006

20.) ¿A quién la antigua casa pertenece hoy?
        a) Comité de Acción de Friburgo-Gartenstadt
        b) Unión de Construcción de Brisgovia o Bauverein
        c) Familia Alber-Lang
        d) Sociedad de Construcción de Viviendas de Friburgo

Preguntas a Käthe Vordtriede

21.) ¿Cuándo ella nacía?
        a) 1849
        b) 1891
        c) 1911
        d) 1915

22.) ¿Dónde ella se ha criado durante jóvenes años?
        a) Deli en Sumatra
        b) Hanóver
        c) Herford
        d) Muenster

23.) ¿Qué profesión su marido muerto Gustav Adolf Vordtriede tenía?
        a) Empleado de banca
        b) Alcalde o regente
        c) Director de una plantación de tabaco
        d) Fabricante de chocolates

24.) ¿Qué acontecimientos de la vida radicales había en 1933?
        a) Inhabilitación profesional
        b) Emigración de Werner
        c) Detención y arresto
        d) Destrucción de la imprenta de Volkswacht

25.) ¿Cómo ella llegaba a conocerse en Alemania?
        a) Publicación de libro
        b) Serie de televisión
        c) Contribución competitiva (para escritoires)
        d) Artículo de periódico

26.) ¿Cómo su primera publicación se llama?
		a) La cruz séptima (1942)
		b) Hay momentos en que se marchita (1999)
		c) Ghaselen (1985)
		d) Para mí esto es todavía como un sueño que
		conseguía esta huida aventurera (1998)

27.) ¿Qué año era propuesto de „Camino de Käthe
Vordtriede" por primera vez?
		a) 1999
		b) 2000
		c) 2002
		d) 2014

28.) ¿Dónde se encuentra la segundo „Piedra en el
Camino" de Käthe Vordtriede?
		a) Friburgo (Patio de Basilea)
		b) Hanóver
		c) Kreuzlingen (Suiza)
		d) Lengwil (Suiza)

29.) ¿Qué profesiones ella ejercía sin educación?
		a) Periodista
		b) Ama de llaves
		c) Política (en el nivel local y regional)
		d) Empleada de la universidad

30.) ¿Cuándo moría la escritora impedida?
		a) 1939 en Frauenfeld (Suiza)
		b) 1961 en Munich
		c) 1964 en Nueva York
		d) 1994 en Friburgo

Preguntas a Fränze Vordtriede

31.) ¿En qué ciudad ella nacía?
  a) Bielefeld
  b) Dortmund
  c) Munich
  d) Nueva York

32.) ¿Por lo que Fränze se dedica al la tiempo libre?
  a) Liga de Muchachas Alemanas o BDM
  b) Asistencia directa (para niños de la calle) o Erholungsfürsorge con la madre
  c) Movimiento de Migración de las Aves
  d) Asistencia de Invierno o Winterhilfwerk

33.) ¿Dónde ella hacía su examen de bachillerato?
  a) Liseo de Berthold
  b) Liseo de Friedrich
  c) Liseo de Goethe
  d) Liseo de Kepler

34.) ¿Que Fränze ha estudiado en Friburgo?
  a) Filología inglesa
  b) Medicina
  c) Nueva filología
  d) Economía política

35.) ¿En qué país la alumna de estudios emigraba en 1935?
  a) Francia
  b) Gran Bretaña
  c) Suiza
  d) EE.UU. o Estados Unidos de América

36.) ¿En qué isla Frances era arresto mucho tiempo como „Enemy Alien"?
    a) Gran Canaria
    b) Isle of Man
    c) Guernsey
    d) Jersey

37.) ¿Dónde ella vivía después de su matrimonio con colega William Thomas Riley en 1951?
    a) Harrisburgh
    b) Nueva York
    c) Filadelfia
    d) Woodstock

38.) ¿Qué profesión la americana de EE.UU. tenía?
    a) Ama de casa
    b) Maestra de educación infantil
    c) Profesora (también Profesora particular)
    d) Administrativa

39.) ¿Cuándo moría el último de Vordtriedes?
    a) 1961 en Munich
    b) 1964 en Nueva York
    c) 1994 en Friburgo
    d) 1997 en Fort Myers

40.) ¿Cómo una contribución científica sobre Frances se llama?
    a) El imagismo, su naturaleza y su significado (1935)
    b) Un sujeto politicamente peligroso (2002)
    c) Secretos en Lummer (1979)
    d) Poemas de amor (1980)

Preguntas a Werner Vordtriede

41.) ¿Dónde él nacía?
     a) Bielefeld
     b) Dortmund
     c) Hanóver
     d) Munich

42.) ¿En qué país el bachillerato emigraba en 1933?
     a) Gran Bretaña
     b) Italia
     c) Suiza
     d) EE.UU. o Estados Unidos de América

43.) ¿En qué universidad él se hacía con sólo 32 años un profesor universitario?
     a) Universidad Albert-Ludwig en 1935
     b) Universidad Ludwig-Maximilian en 1962
     c) Universidad de Zúrich en 1933
     d) Universidad de Wisconsin en 1947

44.) ¿Cuándo él volvía como americano de EE.UU.?
     a) 1960
     b) 1963
     c) 1968
     d) 1975

45.) ¿Para qué premio Nobel de Literatura célebre él ha publicado poemas?
     a) Frédéric Mistral (Francia)
     b) George Bernhard Shaw (Gran Bretaña)
     c) Pearl S. Buck (EE.UU.)
     d) William Butler Yeats (Irlanda)

<u>46.) ¿Qué profesiones el científico de literatura tenía
todavía?</u>
        a) Profesor particular
        b) Editor
        c) Escritor (también poeta y letrista)
        d) Traductor

<u>47.) ¿Que su primero novela era?</u>
        a) La casa abandonada (1975)
        b) El pensador silencioso (1981)
        d) El Nigromante (1968)
        d) La conversión de Telemach (1995)

<u>48.) ¿Qué pseudónimos y apodos Werner Vordtriede
tenía?</u>
        a) Homme de Lettre
        b) Mister Mystery
        c) Pájaro de paraíso de Schwabing (Munich)
        d) Werner Salasin

<u>49.) ¿Cuándo la persona de Munich moría?</u>
        a) 1980 en Bielefeld
        b) 1982 en Friburgo
        c) 1985 en Smyrna o Izmir (Turquía)
        d) 1998 in Nueva York

<u>50.) ¿Quién administra la obras póstumas?</u>
        a) Archivo de Literatura Alemán
        b) Alumno antiguo
        c) Archivo Municipal de Munich
        d) Archivo Histórico de la Universidad de
        Wisconsin-Madison

Soluciónes

<u>Preguntas al proyecto</u>: **1d**, **2c**, **3b**, **4a/d**, **5b**, **6b**, **7a/b/c**, **8a-d**, **9a-d** y **10a/c**.

<u>Preguntas a la antigua casa</u>: **11b**, **12c**, **13a-d**, **14c/d**, **15b/c**, **16d**, **17c**, **18a**, **19c** y **20b**.

<u>Preguntas a Käthe Vordtriede</u>: **21b**, **22c**, **23d**, **24a-d**, **25a**, **26d**, **27b**, **28a**, **29a-d** y **30c**.

<u>Preguntas a Fränze Vordtriede</u>: **31b**, **32b/c**, **33c**, **34a/c**, **35b**, **36b**, **37c**, **38c**, **39d** y **40b**.

<u>Preguntas a Werner Vordtriede</u>: **41a**, **42c**, **43d**, **44a**, **45d**, **46a-d**, **47b**, **48a-d**, **49c** y **50a**.

Resumen

El concurso ha dado una primera mirada en la historia familiar y quizá ha despertado el otro interés.

En común con Käthe Vordtriede, los niños Fränze y Werner eran también considerados. Todos tres eran víctimas de la ilusión de razas NS y han perdido su patria.

Finalmente, un contexto era fabricado con las preguntas entre el NS tiempo, los lugares, las personas, pro-yecto y la casa vieja. Con eso resulta un nuevo aspecto general y otras preguntas.

Hasta ahora en parte hechos completamente desconocidos eran adiestrados.

Las fuentes de referencia voluminosas pueden ser utilizadas para la otra información o para consejos de lectura.

La lista de nombres

24

Fuentes de referencia y literatura

<u>Generales:</u>

Pesquisas propias

www.uni-freiburg.de

www.stadt-freiburg.de

www.verwaltungsgeschichte.de

<u>Casa Vordtriede:</u>

de.wikipedia.org/wiki/Vordtriede-Haus_Freiburg
(06.04.2016)

Gröber, Bettina
Brückenbauer und Lotsen, Die Stadt hat Ehrenamtliche und
Freiwillige für langjähriges Engagement ausgezeichnet, in:
Badische Zeitung, Freiburg 04.12.2015

Lang, Jürgen
Am Tisch mit Käthe Vordtriede, Erinnerungen an das groß-
artige Engagement der jüdischen Schriftstellerin, abrufbar
unter: www.regiotrends.de, Freiburg am 06.01.2015

Lang, Jürgen
Geschwister-Vordtriede-Straße für Gutleutmatten-West, in:
Haslacher Bote, Oktober-Ausgabe, Freiburg 2014

Lang, Jürgen
Projektleiter informiert Bürger, in: Haslacher Bote,
Februar-Ausgabe, Freiburg 2016

Lang, Jürgen
Projekt VORDTRIEDE-HAUS Freiburg nominiert, Dabei
beim Wettbewerb Echt-Gut!-Ehrenamt in Baden-Württem-
berg 2015, abrufbar unter: www.regiotrends.de, Freiburg
am 03.07.2015

Lang, Jürgen
Verloren aber in der Sache gewonnen!, in: Haslacher Bote,
Dezember-Ausgabe, Freiburg 2014

Lang, Jürgen
VORDTRIEDE-HAUS besucht Berliner Gedenkstätten,
abrufbar unter: www.regiotrends.de, Freiburg am
02.03.2016

Lang, Jürgen
VORDTRIEDE-HAUS Freiburg erhält Auszeichnung,
Preisgeld wird für Forschungsarbeiten verwendet, abrufbar
unter: www.regiotrends.de, Freiburg am 04.12.2015

Lang, Jürgen
VORDTRIEDE-HAUS Freiburg veröffentlicht Quiz,
Ehemaliges Wohnhaus soll Begegnungsstätte und Museum
werden, abrufbar unter: www.regiotrends.de, Freiburg am
13.11.2015

Fränze Vordtriede:

Der Imagismus, Sein Wesen und seine Bedeutung, Freiburg
1935

de.wikipedia.org/wiki/Fränze_Vordtriede (03.04.2016)

Huml, Ariane u.a.
Jüdische Intellektuelle im 20. Jahrhundert, Literatur- und
kunstgeschichtliche Studien, Würzburg 2003

Lang, Jürgen
Fränze Vordtriede wieder vereint, abrufbar unter:
www.regiotrends.de, Freiburg am 01.03.2016

Pesquisas propias

Peterfly, Margit
William Carlos Williams in deutscher Sprache, Aspekte der
übersetzerischen Übermittlung 1951-1970, Würzburg 1999

Pfanz-Sponagel, Christiane
Als die Heimat zur Fremde wurde. Zwischen Emigration
und Deportation, Die Freiburger Juden als Opfer des
NS-Rassenwahns, in: Migration in Freiburg im Breisgau,
Ihre Geschichte von 1500 bis zur Gegenwart, Freiburg 2014

Scherb, Ute
Ein politisch gefährliches Subjekt, Das Leben der Fränze
Vordtriede, in: Zeitschrift des Breigau Geschichtsvereins
Schau-ins-Land, 121. Jahresheft, Freiburg 2002

www.ancestry.co.uk

www.dla-marbach.de

<u>Käthe Vordtriede:</u>

Aktionskomitee 100 Jahre Gartenstadt (Hrsg.)
Die Gestapo durchwühlte gerade unsere Küche, in: Ge-
schichte und Geschichten, 100 Jahre Gartenstadt Freiburg-
Haslach, Freiburg 2014

Baureithel, Ulrike
Nun sind wir gar nichts, in: Die Welt, Berlin 06.02.1999

Bauverein Breisgau (Hrsg.)
Der Bauverein Breisgau in der Gartenstadt, ein Rück- und Ausblick anlässlich ihres 100-jährigen Jubiläums, in: Lebensräume, Juli-Ausgabe, Freiburg 2014

Bochtler, Anja
Auf den Spuren von Käthe Vordtriede, in: Badische Zeitung, Freiburg 09.08.2014

Bosch, Manfred (Hrsg.)
Mir ist es noch wie ein Traum, dass mir diese abenteuerliche Flucht gelang, Briefe nach 1933 aus Freiburg, Frauenfeld und New York an ihren Sohn Werner, Lengwil 1998

de.wikipedia.org/wiki/Käthe_Vordtriede (09.04.2016)

Faltin, Sigrid
Chronistin in dunkler Zeit, Die Freiburger Journalistin Käthe Vordtriede, Doku-Film, Baden-Baden 2001, abrufbar unter www.youtube.com

Garz, Detlef (Hrsg.)
Es gibt Zeiten, in denen man welkt, Mein Leben in Deutschland vor und nach 1933, Lengwil 1999

Lang, Jürgen
Berühmte Vormieterin, in: Stadtkurier, Freiburg 07.08.2014

Lang, Jürgen
Meine Vormieterin Käthe Vordtriede, Freiburger Jahre der jüdischen Redakteurin und Schriftstellerin, Beitrag zur Festschrift 100 Jahre Gartenstadt, Freiburg 27.03.2014

Lernort Zivilcourage & Widerstand
Randale in der Redaktion, Käthe Vordtriede erlebt die Erstürmung der Freiburger Volkswacht, Kurz-Film, Karlsruhe 2015, abrufbar unter www.youtube.com

Pesquisas propias

Rehm, Sigrun
Raus mit der Marxistenhexe, in: Der Sonntag, Freiburg
10.08.2014

Von Ebel, Martin
Ein Volk von Umfallern, in: Der Spiegel, Ausgabe 44,
Hamburg 1999

www.dla-marbach.de

www.freiburgs-geschichte.de/1933-1945

www.juedischeliteraturwestfalen.de

www.kalliope.staatsbibliothek-berlin.de

www.perlentaucher.de/autor/kaethe-vordtriede

www.schule-bw.de/unterricht

Werner Vordtriede:

Bermbach Udo (Hrsg.)
Getauft auf Musik, Festschrift für Dieter Borchmeyer,
Würzburg 2006

Borchmeyer, Dieter (Hrsg.)
Weimar am Pazifik, literarische Wege zwischen den Konti-
nenten, Festschrift für Werner Vordtriede zum 70. Geburts-
tag, Berlin 1985

Das verlassene Haus, Tagebuch aus dem amerikanischen
Exil 1938-1947, München 1975

Der Innenseiter, Roman, München 1981

Der Nekromant, Text für eine Oper, München 1968

de.wikipedia.org/wiki/Werner_Vordtriede (30.03.2016)

Geheimnisse an der Lummer, Roman, Wien 1979

Hergemöller, Bernd U.
Mann für Mann, Biographisches Lexikon zur Geschichte
von Freundesliebe und männlicher Sexualität im deutschen
Sprachraum, Münster 2010

König, Christoph
Internationales Germanistenlexikon 1800-1959, Band 1,
A-G, Tübingen 2003

Lang, Jürgen
Den bleiben ist nirgens, Erinnerungen zum 30. Todestag
des Exilanten Werner Vordtriede, in: Haslacher Bote,
Oktober-Ausgabe, Freiburg 2015

Melchinger, Christa
Spiegelromane, Werner Vordtriede: Der Innenseiter und
Ulrichs Ulrich, in: Die Zeit, München 10.12.1982

Novalis und die französischen Symbolisten, Stuttgart 1963

Pesquisas propias

Schönermark, Gesa
Telemachs Wandlung, Werner Vordtriede. Eine wissens-
historische Biografie, München 1995

Ulrichs Ulrich oder Vorbereitungen zum Untergang,
München 1985

William Butler Yeats, Liebesgedichte, Neuwied 1980

www.ancestry.co.uk

www.dla-marbch.de

www.juedischeliteraturwestfalen.de

www.kalliope.staatsbibliothek-berlin.de

www.literaturportal-westfalen.de

<u>Emigración:</u>

Blubacher, Thomas
Paradies in schwerer Zeit, Künstler und Denker im Exil in
Pacific Palisades, München 2011

Bollauf, Traude
Dienstmädchen-Emigration, Die Flucht jüdischer Frauen
aus Österreich und Deutschland nach England 1938/39,
Münster 2011

Borchard, Ruth
We are strangers here, An Enemy Alien in prison in 1949,
Elstree/England, 2007

Dray-Bensousan, Renée
Le Juifs a Marseille pendant la seconde guerre mondial,
Aout 1939-Aout 1944, Paris 2004

Feuchtwanger, Lion
Exil, Roman, Berlin 2008

Göpfert, Rebekka
Der jüdische Kindertransport von Deutschland nach England 1938/39, Geschichte und Erinnerung, Frankfurt 1999

Kerr, Judith
Als Hitler das rosa Kaninchen stahl, Roman, Band 1-3,
Eine jüdische Familie auf der Flucht, Ravensburg 2013

Klapdor, Heike
In der Ferne das Glück, Geschichten für Hollywood, Berlin
2013

Litsauer, Alexander u.a.
Vecinos perdidos, Emigración judía desde el Danubio al
Rio de la Plata, Buenos Aires, 2011

Remarque, E. M.
Das gelobte Land, Roman, Köln 2010

Filología germánica:

Drügh, Heinz u.a.
Germanistik, Sprachenwissenschaft-Literaturwissenschaft-
Schlüsselkompetenzen, Stuttgart 2012

Historia judía:

Abitbal, Michel
Histoire des juifs, De la genèse à nos jours, Paris 2013

Johnson, Paul
A History of the Jews, London 2004

Paepke, Lotte
Ein kleiner Händler, der mein Vater war, Eine deutschjüdi-
sche Geschichte, Freiburg 2002

Pérez, Joseph
Los judíos de España, Madrid 2005

Intelectuales:

Boll, Monika (Hrsg.)
Ich staune, dass Sie in dieser Luft atmen können, Jüdische
Intellektuelle in Deutschland nach 1945, Die Zeit des
Nationalsozialismus, Frankfurt 2013

Burschel, Peter u.a.
Intellektuelle im Exil, Göttingen 2011

Rüther, Günther
Die Unmächtigen, Schriftsteller und Intellektuelle seit
1945, Göttingen 2016

Winkler, Michael
Deutsche Literatur im Exil 1933-1945, Texte und Dokumente. Ditzingen 1997

Ziegler, Edda
Verboten-verfemt-vertrieben, Schriftstellerinnen im Widerstand gegen den Nationalsozialismus, München 2010

Socialismo nacional áleman:

Anne Frank Fond, Basel (Hrsg.)
Anne Frank Gesamtausgabe, Tagebücher, Geschichte und
Ereignisse aus dem Hinterhaus, Erzählungen, Briefe, Fotos
und Dokumente, Frankfurt 2015

Barbieri, Pierpaolo
La sombra de Hitler, Barcelona 2015

Benz, Wolfgang
Das Tagebuch der Hertha Nathorff, Berlin-New York,
Tagebuchaufzeichnungen 1933 bis 1945, Frankfurt 1989

Berliner Unterwelten e.V. (Hrsg.)
Mythos Germania, Schatten und Spuren der Reichshauptstadt, Eine Ausstellung des Berliner Unterwelten e.V., Berlin 2012

Feldmann, Christian
Wir hätten schreien müssen, Das Leben des Dietrich Bonhoffer, Freiburg 2006

Féral, Thierry
National-socialisme, Vocabulaire et chronologie, Paris 2000

Jens, Inge (Hrsg.)
Hans Scholl und Sophie Scholl, Briefe und Aufzeichnungen, Frankfurt 1988

Hensle, Michael P.
Die Todesurteile des Sondergerichts Freiburg 1940-1945, Eine Untersuchung unter dem Gesichtspunkt von Verfolgung und Widerstand, München 1996

Knopp, Guido
Hitlers Helfer, München 1998

Longerich, Peter
Davon haben wir nichts gewusst!, Die Deutschen und die Judenverfolgung 1933-1945, München 2007

Mann, Erika
Zehn Millionen Kinder, Die Erziehung der Jugend im Dritten Reich, Reinbek 1997

Meckel, Marlies
Den Opfern ihre Namen zurückgeben, Stolpersteine in Freiburg, Freiburg 2006

Nürnberger, Christian
Mutige Menschen, Widerstand im Dritten Reich, Stuttgart
2015

Rees, Laurence
Auschwitz, Geschichte eines Verbrechens, Leipzig 2007

Schönhaus, Cioma
Der Passfälscher, Die unglaubliche Geschichte eines Grafi-
kers, der im Untergrund gegen die Nazis kämpfte, Frankfurt
2006

Seghers, Anna
Das siebte Kreuz, Berlin 1995
Snyder, Timothy
Black Earth, The Holocaust as history and warning, London
2016

Stadtarchiv Freiburg (Hrsg.)
Das Schicksal der Freiburger Juden am Beispiel des Kauf-
manns Max Mayer und die Ereignisse des 9./10. November
1938, Freiburg 2000

Werle, Margarete
Sei tapfer und gib nie auf, Das Leben einer starken Frau in
schwierigen Zeiten, Gernsbach 2014

Zielke-Nadkarni, Andrea u.a.
Man sieht nur, was man weiß, NS-Verfolgte im Alter, Fall-
geschichten und Lernmaterial, Frankfurt am Main 2013

Zweig, Stefanie
Die Kinder der Rothschildallee, Band 2 der Rothschild-
Saga, Roman, München 2010

Sobre el autor

El cualificado empleado de banca y economista de empresa Jürgen Lang es activo durante 30 años en el sector financiero. Es su vocación. Sus temas amados son la bolsa e inversión de capital. Más lejos él se interesa por análisis, globalización y tareas de gestión. Actividades anteriores eran jefe de burós, consejeros de capacidad, consejeros de título, consejeros de cliente y reserva de empresa. Él vive y trabaja como analista libre, autor de libro y entrenador en la Ciudad Verde de Friburgo.

Sus libros son disponibles en comercio de libro, Internet o en la editorial. En 2014, él ha publicado libros auditivos sobre los BRICS países de Brasil, Rusia, India, China así como Sudáfrica. En 2015 su primer narración y biografía así como tercera fila de libro seguía por el tema acciones. En 2016, Jürgen Lang ha traducido un concurso de conocimientos a varias lenguas y publicado en todo el mundo.

Usted puede conseguir al autor bajo la dirección de e-mail: juergenlang63@gmx.de.